Kimberley ten Broeke

Analyse des Mobile Marketing

AF397937

Bibliografische Information der Deutschen Nationalbibliothek:

Bibliografische Information der Deutschen Nationalbibliothek: Die Deutsche Bibliothek verzeichnet diese Publikation in der Deutschen Nationalbibliografie; detaillierte bibliografische Daten sind im Internet über http://dnb.d-nb.de/ abrufbar.

Dieses Werk sowie alle darin enthaltenen einzelnen Beiträge und Abbildungen sind urheberrechtlich geschützt. Jede Verwertung, die nicht ausdrücklich vom Urheberrechtsschutz zugelassen ist, bedarf der vorherigen Zustimmung des Verlages. Das gilt insbesondere für Vervielfältigungen, Bearbeitungen, Übersetzungen, Mikroverfilmungen, Auswertungen durch Datenbanken und für die Einspeicherung und Verarbeitung in elektronische Systeme. Alle Rechte, auch die des auszugsweisen Nachdrucks, der fotomechanischen Wiedergabe (einschließlich Mikrokopie) sowie der Auswertung durch Datenbanken oder ähnliche Einrichtungen, vorbehalten.

Copyright © 2015 Diplom.de
Druck und Bindung: Books on Demand GmbH, Norderstedt Germany
ISBN: 9783956369728

https://www.diplom.de

FSC
www.fsc.org

MIX
Papier aus verantwortungsvollen Quellen
Paper from responsible sources
FSC® C105338

Kimberley ten Broeke

Analyse des Mobile Marketing

Diplom.de

Inhaltsverzeichnis

Abkürzungsverzeichnis

i.d.R.   In der Regel

MMS   Multimedia-Messaging-Service

SMS   Short-Message-Service

WAP   Wireless Application Protocol

Abbildungsverzeichnis

1 Einleitung

1.1 Problemstellung

Mobilität, Flexibilität und Unabhängigkeit spielen in der heutigen Gesellschaft eine zentrale Rolle. Die Anforderungen hieran steigen stetig und somit auch an das Mobiltelefon. Wurde es früher nur zum telefonieren genutzt um räumliche Distanzen zu überwinden, so nimmt es heute mit dem Smartphone die Funktion des persönlichen Assistenten ein und ist der ständige Begleiter des Nutzers.[1] Sei es das versenden von SMS oder E-Mails, Video-Telefonie, die Steuerung der persönlichen Termine über den mobilen Kalender oder das mobile Internet, für jeden ist etwas dabei. Waren es im Jahr 2005 noch weltweit 2,18 Milliarden Mobilfunkanschlüsse, so hat sich die Zahl innerhalb von fünf Jahren verdoppelt auf über 5,26 Milliarden.[2] Für das Jahr 2015 werden sogar 7,9 Milliarden Mobilfunkanschlüsse prognostiziert, das ist ein Wachstum von 262,39% in 10 Jahren.[3] Alleine in Deutschland stieg die Zahl von 2005 bis 2010 um rund 30 Millionen an und im Jahr 2014 gab es rund 117 Millionen Mobilfunkanschlüsse. Sogar rund 16% der deutschen Internetnutzer ab 14 Jahren behaupten, dass das mobile Internet für Sie unverzichtbar ist.[4] So dient das Mobiltelefon nicht mehr nur als Kommunikationsmittel sondern hat auch einen steigenden Wert für immer mehr Unternehmen und Branchen, die erkennen das es kein anderes Medium gibt, bei dem die Konsumenten schneller und effizienter erreicht werden können wie mittels Mobiltelefon. Bei dem Mobile Marketing wird genau diese Erkenntnis genutzt um den Kunden individuell und personalisiert anzusprechen.

1.2 Zielsetzung

Die Zielsetzung dieser Arbeit ist eine differenzierte Betrachtung des Mobile Marketings. Grundlegende Fragen sind hierbei warum es an Bedeutung gewinnt und ob es für die Zukunft ein geeignetes Marketinginstrument für Unternehmen ist.

---

[1] Vgl. Clemens, T. (2003), S. 46.
[2] Vgl. http://de.statista.com/statistik/daten/studie/253072/umfrage/.
[3] Vgl. http://de.statista.com/statistik/daten/studie/253281/umfrage/.
[4] Vgl. van Eimeren, B., Frees, B. (2012), S. 365.

1.3 Gang der Arbeit

Zu Beginn der Ausarbeitung wird eine Definition und Abgrenzung des Begriffs Mobile Marketing vorgenommen und die Rolle des Mobile Marketing im Marketing-Mix beleuchtet. Daraufhin werden die unterschiedlichen Erscheinungsformen und verschiedene Instrumente des Mobile Marketing erläutert. Der theoretischen Erörterung folgen im Nachgang zwei Praxisbeispiele wie das Mobile Marketing bereits als Instrument von Unternehmen genutzt wird und eine Handlungsempfehlung. Die Arbeit schließt mit einem Fazit, ob und wie weit das Mobile Marketing sich als zukünftiges Marketinginstrument eignet.

2 Das Instrument Mobile Marketing

2.1 Definition und Abgrenzung

Das Mobile Marketing ist eine neue Form von Marketingansätzen und ist dem technologischen Fortschritt ständig einem Wandel unterworfen.[5] Wie bereits von Hammel, Sassenberg und Scholz zitiert, bezeichnet Herr Prof. Dr. Ralf Schengber vom Institut für Mobile Marketing der Universität Münster das Mobile Marketing knapp als „ [...] Marketing über mobile Endgeräte – insbesondere Handys."[6] Im weiteren Sinne versteht man das Mobile Marketing jedoch als eine zielgerichtete und systematische Planung, Durchführung und Kontrolle von Marketingaktivitäten bei der Nutzung von mobiler Technologie und mobilen Endgeräten.[7] Die klassischen Maßnahmen des Marketings wie die Förderung und Verbreitung von Ideen, Waren und Dienstleistung werden im Mobile Marketing via mobile Endgeräte vollzogen.[8] Ziel ist eine persönliche und direkte Kundenansprache, deshalb wird das Mobile Marketing auch als eine Form des Direktmarketing bezeichnet[9], da das klassische Marketing hingegen an anonyme Personen mittels Massenmedien gerichtet ist.[10]

Unter Direktmarketing ist der „[...] Prozess der Anbahnung und Aufrechterhaltung einer direkten, personalisierten Interaktion mit dem Kunden unter der Zielsetzung, die Beziehung zum Kunden dauerhaft zu gestalten und den Kundenwert zu maxi-

---

[5] Vgl. Meffert, H. (2009), S. 307.
[6] Vgl. Hammel, H., Sassenberg, T., Scholz, H. (2007), S. 3.
[7] Vgl. Möhlenbruch, D., Schmieder, U. M. (2002), S. 77.
[8] Vgl. Kotler, P., Bliemel, F. (2001), S. 25.; Holland, H., Bammel, K. (2006), S. 18.
[9] Vgl. Ettelbrück, B., Ha, S. (2003), S. 115.
[10] Vgl. Schmich, P., Juszcyk, L. (2001), S. 82.

mieren" zu verstehen.[11] Das Direktmarketing umfasst alle Maßnahmen, welche eine direkte und individuelle Kundenansprache zum Ziel haben und so der abnehmenden Wirkung des klassischen Marketings auf dem Kunden entgegenzuwirken.[12] Mit Hilfe von personalisierten Werbebotschaften an den Kunden und dessen Antwort, entsteht ein Dialog und eine individuelle Beziehung zwischen dem Kunden und das Unternehmen.[13] Mobile Marketing erweitert das Direktmarketing und ergänzt/ersetzt die bisherigen Kommunikationsmittel durch die Einbindung mobiler Endgeräte und ermöglicht somit den spontanen Dialog, losgelöst von Ort und Zeit.[14]

Mittels der Mobile-Marketing-Maßnahmen ist die gleichzeitige Ansprache eines einzigen Individuums (One-to-One-Marketing), weniger Personen (One-to-Few-Marketing) oder auch mehrerer Personen (One-to-Many-Marketing) möglich. Mit dem One-to-One-Marketing ist nicht nur die persönliche sondern auch die individuelle Kundenansprache möglich. Folgende Tabelle zeigt die wesentlichen Merkmale des klassischen Marketing, Direktmarketing und Mobile Marketing auf:

	Klassisches Marketing	**Direktmarketing**	**Mobile Marketing**
Zielgruppe	Massenmarkt, Anonyme Personengruppen	Individuell bekannte Zielperson	Individuell bekannte/unbekannte, mobile Zielperson
Kommunikationsfluss	einseitig	Zweiseitig, Dialog	Ein-, zwei-, vielseitig: Dialog
Medien	Massenmedien ohne Responsemöglichkeit	Direktwerbemedien mit Responsemöglichkeit	Mobile Endgeräte: Mobiltelefon, Smartphone, Tablet, etc.

Tabelle 1: Gegenüberstellung Klassisches-, Direkt- und Mobile Marketing

Quelle: Eigene Abbildung nach: Holland, H, Bammel, K. (2006): S. 19.

2.2 Die Rolle des Mobile-Marketing im Marketing-Mix

Da sich die Technologien und Anwendungsmöglichkeiten der Mobilkommunikation in Abhängigkeit von der jeweils verfolgten Zielsetzung in allen vier Bereichen des

---

[11] Wirtz, B. W. (2005), S. 14.
[12] Vgl. Bauer, H. et al. (2004), S. 1.; Kotler, P., Bliemel, F. (2001), S. 916.
[13] Vgl. Holland, H. (2004), S. 6.
[14] Vgl. Hammel, H., Bammel, K. (2006), S. 16-18.

Marketing-Mix von Unternehmen effizient einsetzen lassen, ist es unabdinglich Mobile Marketing in ganzheitlicher Art und Weise zu betrachten.[15]

2.2.1 Marketing-Mix

Unter dem Begriff Marketing-Mix versteht man die „ ... zielorientierte, strategieadäquate Kombination der taktisch operativen Marketinginstrumente"[16] von Unternehmen. In der deutschsprachigen Literatur hat man sich mehrheitlich der Unterscheidung der Marketinginstrumente in 4 Bereiche angeschlossen, den sogenannten 4P's. Diese bestehen aus Produktpolitik (product), Preispolitik (price), Kommunikationspolitik (promotion) und Vertriebspolitik (place).[17] Mit Hilfe dieser Instrumente ist es den Unternehmen möglich aktiv auf den Absatzmarkt Einfluss zu nehmen[18] und somit Absatzwiderstände zu reduzieren und die eigene Position am Markt gegenüber den Wettbewerbern zu stärken.[19] In den folgenden Kapiteln wird näher auf die marketingpolitischen Instrumente eingegangen.

2.2.1.1 Produktpolitik

Unter Produktpolitik versteht man alle Maßnahmen eines Unternehmens um eine bessere Beurteilung des Kunden zu seinen Produkten zu erhalten und sich von dem Konkurrenzangebot anzuheben. Solche Maßnahmen können u.a die Produktqualtität, die Produktgestaltung und Markenpolitik sein.[20]

2.2.1.2 Preispolitik

Zur Preispolitik gehören alle Entscheidungen des Unternehmens, die sich mit der Gestaltung und Durchführung seiner Preisforderung befassen. Im Einzeln bedienen sich Unternehmen hierzu den Instrumenten der Preis- und Rabattpolitik, Finanzierungspolitik sowie den Zahlungs- und Lieferbedingungen.[21]

2.2.1.3 Kommunikationspolitik

Aufgabe der Kommunikationspolitik ist es den Kontakt zwischen Anbietern und Nachfragern, also potenzielle Kunden, herzustellen. Hierbei steht das Instrument

---

[15] Vgl. Dufft, N., Wichmann, T. (2003), S. 36.
[16] Becker, J. (2001), S. 485.
[17] Vgl. Kotler, P., Bliemel, F. (2006), S. 150.
[18] Vgl. Weis, H. C. (2012), S. 92.
[19] Vgl. Döring, U., Wöhe, G. (1996), S. 634.
[20] Vgl. Döring, U., Wöhe, G. (2013), S. 397.; Weis, H. C. (2012), S. 92.
[21] Vgl. Döring, U., Wöhe, G. (2013), S. 425.

der Werbung im Vordergrund, mit der der Anbieter ein homogenes Gut als Markenartikel darstellen möchte und sich von der Konkurrenz abzuheben.[22] Darüber hinaus sind aber auch der persönliche Verkauf, die Verkaufsförderung und die Öffentlichkeitsarbeit Instrumente der Kommunikationspolitik.[23]

2.2.1.4 Vertriebspolitik

Zur Vertriebspolitik gehören alle Maßnahmen die ergriffen werden müssen um die räumliche und zeitliche Distanz zwischen dem Anbieter und Abnehmer zu überbrücken, kurz gesagt um das Produkt vom Herstellungsort zum Abnehmer zu bringen. Hierzu gehören z.B. Entscheidungen zum Absatzweg, Marketinglogisitk und die Einschaltung des Handels.[24]

2.2.2 Marketing-Mix des Mobile Marketing

„Da mobile Endgeräte in erster Linie einen neuen Kommunikationskanal darstellen, wird Mobile Marketing bisher vor allem in der Kommunikationspolitik eingesetzt."[25] Die neuen mobilen Technologien bieten die unterschiedlichsten Einsatzmöglichkeiten, wie Sponsoring mobiler Dienste oder mobile Response-Kanäle und Mobile Advertising. Das Mobile Advertising wird meist per SMS in Form von Push- oder Pull-Diensten durchgeführt und fordern deshalb eine kompakte und prägnante Botschaft. Neben der mobilen Werbung hat sich das Angebot eigener oder das Sponsoring externer mobiler Informations- bzw. Entertainmentdienste als weitere Form der Werbekommunikation etabliert. Das mobile Medium mittels Mobilfunk ermöglicht es den Empfängern zeit- und ortsunabhängig auf Werbebotschaften zu reagieren. Die Nutzung des Mobilfunks als Response-Kanal bietet sich vor allem in Verbindung mit klassischen Medien an.[26]

Der mobile Kanal hat ebenfalls einen Einfluss auf die Preispolitik. Maßnahmen wie Rabatte oder Discounts haben auf die Transaktionsbereitschaft des Kunden oftmals einen direkten Einfluss.[27] Mit Hilfe der Nutzung des mobilen Kanals wird dieser Effizienz verstärkt, „... denn preispolitische Instrumente können schneller und

---

[22] Vgl. Weis, H. C. (2012), S. 93.

[23] Vgl. Döring, U., Wöhe, G. (2013), S. 439-441.

[24] Vgl. Döring, U., Wöhe, G. (2013), S. 453.

[25] Dufft, N., Wichmann, T. (2003), S. 37.

[26] Vgl. Dufft, N., Wichmann, T. (2003), S. 36-38.

[27] Vgl. Dufft, N. Wichmann, T. (2003), S. 39.

gegebenenfalls orts- und zeitkritisch mit weniger Streuverlusten an den Empfänger gebracht werden."[28]

Mit den neuen Technologien können in der Produktpolitik neue kostenpflichte mobile Produkte angeboten werden oder bestehende Produkte mit Zusatzservices oder mobile Produktkomponenten attraktiver gestaltet werden.[29]

In der Vertriebspolitik wird dank der fortschreitenden Entwicklung im Mobilfunk und mobiler Zahlungssysteme das Mobile Commerce an Bedeutung gewinnen. Darüber hinaus gibt der mobile Kanal die Möglichkeit absatzpolitische Maßnahmen direkt mit einer Transaktionsfunktionalität zu verknüpfen. Auch hier ist der maßgebliche Vorteil die Orts- und Zeitunabhängigkeit, da die Kunden unabhängig vom Aufenthaltsort den Artikel direkt bestellen können. Die Herausforderung besteht aber darin, die Kunden anzusprechen, die erstens, besonderes Interesse an dem Produkt haben und zweitens, sie genau in dem Moment anzusprechen in dem sie dem Produktangebot mit hoher Wahrscheinlichkeit gegenüber offen sind.[30] „Ziel im Mobile Marketing sollte es immer sein, dass der Kunden ein Angebot als Mehrwert wahrnimmt und nicht als unerwünschte Werbebotschaft."[31]

2.3 Die Erscheinungsformen des Mobile Marketing

Die derzeit wichtigste technische Grundlage des Mobile Marketing ist des Austausch von Nachrichten, hauptsächlich in Form von SMS. Dabei unterscheidet man zwischen Push- und Pull-Diensten, abhängig davon, ob der Empfänger den Kommunikationsprozess selbst initiiert.[32] Bei dem Push-Modell werden Nachrichten versandt ohne Informationsanforderung durch den Nutzer. Häufig wird diese Form der Kommunikation im Marketing beim Massenversand von Briefen und Emails angewandt. Bei Pull-Diensten hingegen wird die Information nur auf Anforderung des Empfängers bereitgestellt. So ist es dem Interessenten z.B. möglich durch den Versand einer SMS an eine Nummer, die über Medien bekannt gemacht wurde, weitere Informationen anzufordern. Der Unterschied zwischen Push- und Pull-Diensten wird ist der nachfolgenden Abbildung verdeutlicht.[33]

---

[28] Dufft, N., Wichmann, T. (2003), S. 39.
[29] Vgl. Dufft, N., Wichmann, T. (2003), S. 41.
[30] Vgl. Dufft, N., Wichmann, T. (2003), S. 40f.
[31] Dufft, N., Wichmann, T. (2003), S. 41.
[32] Vgl. Schmich, P., Juszcyk, L. (2001), S. 78f.
[33] Vgl. Bauer, H. et al. (2008), S. 309ff; Dufft, N, Wichmann T. (2003), S. 15.

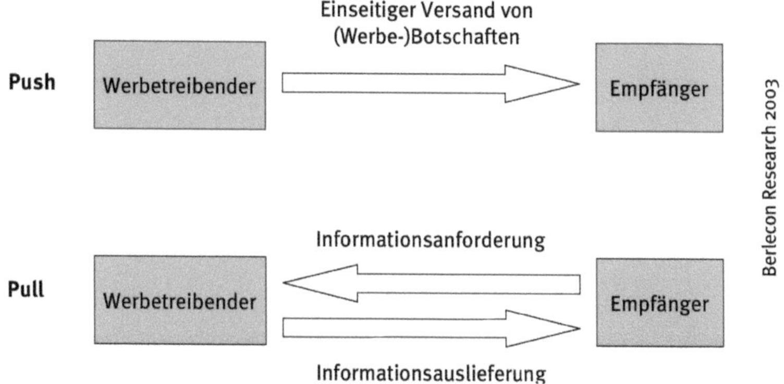

Abbildung 1: Pull- und Push-basierte Kommunikation

Quelle: Dufft, N., Wichmann, T. (2003), S. 16.

2.4 Instrumente für Mobile Marketing Kampagnen

Die Instrumente des Mobile Marketing reichen von einfachen Werbe-SMS über Mobile Ticketing bis hin zu mobilen Gewinnspielen. Nachfolgend werden ein paar ausgewählte Instrumente erläutert.

Bei dem Instrument SMS unterscheidet man zwischen SMS mit und ohne Response-Funktion und SMS als Response-Kanal im Medienverbund. Eine SMS mit Response-Funktion gibt dem Empfänger die Möglichkeit unmittelbar auf eine Werbebotschaft zu reagieren und somit zur Interaktion mit dem Sender. Eine SMS ohne Response-Funktion enthält hingegen nur die Werbebotschaft und bezieht den Kunden nicht weiter mit hinein. Der Versand fordert jedoch die Einwilligung des Empfängers aufgrund dessen sind diese i.d.R. bestehende Kunden. Bei SMS als Response-Kanal im Medienverbund werden die Empfänger über andere Medien wie z.B. TV oder Printmedien dazu aufgefordert mit dem Sender der Werbebotschaft zu interagieren. Der Vorteil dieses Instruments ist, dass der Werbetreibender keine explizite Einwilligung benötigt, da der Kunde selbst entscheidet ob er auf die Werbebotschaft reagiert oder nicht.[34]

Mobile Gewinnspiele können über SMS, MMS oder WAP umgesetzt werden. Häufig erfolgt der Einsatz crossmedial, indem sie über andere Medien wie TV, Radio oder Internet initiiert werden und das Mobiltelefon als Response-Kanal genutzt

---

[34] Vgl. Bauer, H. et al. (2004), S. 7f.; Dufft, N., Wichmann, T. (2003), S. 25.

wird. Die mobilen Gewinnspiele sind im Rahmen des Mobile Marketing ein sehr populäres Instrument.[35]

Rabattinstrumente oder auch oft mobile Coupons genannt, können Angebote, Rabatte oder Coupons sein die dem Handynutzer per SMS geschickt werden oder seitens des Empfängers angefordert werden. Diese SMS, MMS oder auch ein Code können als Legimitationsnachweis am Point of Sale vorgezeigt werden und den vergünstigen Bezug erlauben.[36] Primäres Ziel der Rabattinstrumente ist der Verkauf von Produkten.[37]

Bei dem Mobile-Ticketing kann der Kunde mit seinem Mobiltelefon Plätze reservieren oder Waren im Shop vor Ort zurücklegen lassen. Beim Nutzungsort zeigt der Kunde dann das mobile Ticket vor oder gibt den empfangenen Code an und bekommt dann seine reservierte Ware/Plätze.[38]

3 Mobile Marketing in der Praxis

3.1 Coca-Cola – Share a Coke

Im Jahr 2013[39] veröffentliche Coca-Cola die Kampagne *Share a Coke* oder in Deutschland *Trink 'ne Coke mit...*, hierbei verzichtete Coca-Cola auf seinen Schriftzug und ersetzte ihn mit Vornamen, Kosewörter oder Jugendbegriffen.[40] Der Fokus lag hierbei vor allem auf mobilen, digitalen und social-media Kanälen. Auf der Homepage konnte jeder seine eigene personalisierte Coca-Cola Flasche generieren, sie bestellen und auf Facebook teilen.[41] Alleine durch die Integration des Hashtags #meinecoke verbreitete sich die Kampagne auf den sozialen Netzwerken in enormer Geschwindigkeit.[42] Cola-Cola bediente sich ebenfalls den Out-of-Home Werbemittel. In Berlin auf dem Humboldtplatz hatten Nutzer die Möglichkeit mit dem Versenden einer SMS ihren Namen auf den Screen der Humboldtbox sowie auf den LCD-Screen seines 100m langen Zauns. In dem Kampagnen Zeitraum vom 1. Juni bis zum 3. Oktober meldet Cola-Cola 264.000 QR-Codes-Scans, 1,3

---

[35] Vgl. Rösch, (2006), S. 27.
[36] Vgl. Dufft, N., Wichmann, T. (2003), S. 26.; Süßel, A. (2014), S. 6.
[37] Vgl. Bauer, H. et al. (2004), S. 8.
[38] Vgl. Dufft, N., Wichmann, T., S. 27.; Salz, P. A. (2009), S. 222.
[39] Vgl. http://www2.coke.de/2013/shareacoke/download/Share_a_Coke_Salesfolder.pdf...
[40] Vgl. http://www.coca-cola-deutschland.de/stories/coke-flaschen-personalisieren...
[41] Vgl. http://www.wuv.de/marketing/beruehmte_brause_mit_neuen_namen...
[42] Vgl. http://marketing-wissen.net/marketing-lehrstunde-von-coca-cola...

Millionen mobile Visits, 880.000 Google Suchanfragen, 4,2 Millionen Besucher auf der Kampagnen Homepage, 150.000 generierte Videos mit 2,4 Millionen Abrufe und 59.000 generierte Post zur Kampagne picture of the day mithilfe des #meinecoke Hashtag. Coca-Cola blickt mit dieser Kampagne auf das beste Kampagnenergebnis aller Zeiten zurück.[43] Darüber hinaus wurde die Kampagne im Jahr 2014 mit dem GWA Effie ausgezeichnet, welche seit über 30 Jahren für erfolgreiche und nachweislich wirksame Marketing-Kommunikation verliehen wird.[44]

3.2 EDEKA – Mobile Payment und Mobile Couponing

Das Unternehmen Edeka und das Tochterunternehmen Netto erweiterte im Mai erstmals ihre bisherige App um die Funktion des Mobile Payment und Mobile Couponing und führten diese Möglichkeiten für ihre Kunden zunächst in den lokalen Märkten in Berlin und Hamburg ein. Bei beiden Unternehmen erfolgt die Bezahlung über die kostenlose App der Handelsunternehmen, die für iPhone, Android und Windows-Phone verfügbar ist. Nutzer müssen sich dort zuerst für die Funktionen registrieren und ihre Bankverbindung hinterlegen. An der Kasse werden dann die Instrumente Mobile Payment und Mobile Couponing verbunden indem bei der Bezahlung über die App, die aktuellen Rabatt-Coupons automatisch abgezogen werden. Die Bezahlung funktioniert wie folgt: an der Kasse wird die App gestartet und die Funktion *Bezahlen und Coupons* einlösen aufgerufen und gibt seine selbstgewählte vierstellige PIN ein. Daraufhin wird dann entweder ein Barcode erzeugt, der an der Kasse eingescannt wird oder ein vierstelliger PIN, die dann an der Kasse eingetippt wird.[45] Die genaue Höhe des Einkaufsbetrages wird dann per Lastschrift vom Bankkonto abgebucht.[46] Für diesen Service wurde Edeka im Jahr 2015 in der Kategorie Best Customer Experience mit dem Retail Technology Award Europe ausgezeichnet[47] und im Jahr 2015 in der Kategorie Best Instore Solutions.[48] Die Funktion des Mobile Payment und Mobile Couponing wird laut Edeka Schritt für Schritt auf weitere Städte Deutschlands ausgeweitet und soll voraussichtlich Ende 2015 flächendeckend in Deutschland zur Verfügung stehen.[49]

---

[43] Vgl. http://www.s-v.de/detail-multi.php?id=696&lang=de.
[44] Vgl. http://www.coca-cola-deutschland.de/stories/dein-name-auf-der-coke...
[45] Vgl. http://www.edeka-verbund.de/Unternehmen/de/edeka_suedwest/...
[46] Vgl. http://www.edeka.de/services/edeka-app/bezahlen-per-handy/mobilepayment.jsp.
[47] Vgl. http://www.reta-europe.com/preistraeger/preistraeger-2014/index.html.
[48] Vgl. http://www.edeka-verbund.de/Unternehmen/de/edeka_suedwest/presse_suedwest/...
[49] Vgl. http://www.edeka-verbund.de/Unternehmen/de/edeka_suedwest/presse_suedwest/...

3.3 Strategien und Handlungsempfehlungen

Unerwünschte Nachrichten werden von Kunden heutzutage schnell als lästig emp-
funden und können somit dem Image des Unternehmen schaden. Um dies zu ver-
meiden sollten Unternehmen einige Strategien und Handlungsempfehlungen be-
achten. Jede Form der Werbung oder Informationen über Push-Dienste, die nicht
vom Kunden initiiert wurde, ist sehr negativ belastet.[50] Daher sollte bei jeder mobilen Kampagne die explizite Einwilligung des Kunden eingeholt werden. Das Ziel
einer mobile Marketing Kampagne sollte somit nicht ausschließlich die Aufmerk-
samkeit des Kunden sein, sondern die Response-Funktion. Die Werbebotschaft
muss eine Symbiose aus Technologie, Content und Emotion sein, sodass der Kunde Spaß, Nutzen und einen Mehrwert mit dem Werbeobjekt suggeriert.[51] Erreicht
werden kann dies z.B. anhand von einem hohen Entertainmentwert sowie Informa-
tionsgehalt, Möglichkeiten der Interaktion oder mit direkten oder indirekten Anrei-
zen.[52] Es müssen Lösungen die „... den Charakter einer gezielten, personalisierten
und kontext-abhängigen Kommunikation aufweisen"[53] seitens der Anbieter mobiler
Dienste bereitgestellt werden, da die orts- und zeitunabhängige und individualisier-
bare Kommunikation mit dem Kunden die Erfolgsfaktoren des Mobile Marketing
sind.[54] Um Streuverluste zu reduzieren sollten sich Unternehmen den Pull-Diensten
bedienen, da diese Unternehmen die Möglichkeit geben den Kunden direkt anzusprechen, der konkretes Interesse an dem Produkt oder Werbeobjekt hat.[55]

4 Fazit

Ziel der Arbeit war eine differenzierte Betrachtung des Mobile Marketing, ob es an
Bedeutung gewinnt und für Unternehmen ein geeignetes Marketingsinstrument für
die Zukunft ist. Das Mobiltelefon begleitet seine Nutzer ständig und ist aus der heutigen Welt nicht mehr wegzudenken und bietet den Werbetreibenden immense
Möglichkeiten.[56] Alleine in Deutschland besitzen im Jahr 2014 bereits 50% der Nutzer von mobilen Endgeräten ein Smartphone und 61% nutzten dies täglich.[57] Es ist

---

[50] Vgl. Bauer, H. et al. (2004), S. 27f.
[51] Vgl. Forster, T. (2008), S. 14.
[52] Vgl. Dufft, N., Wichmann, T. (2003), S. 48.
[53] Bauer, H. et al, (2004), S. 23.
[54] Vgl. Hammel, H., Bammel, K. (2006), S. 16-18.
[55] Vgl. Dufft, N, Wichmann, T. (2003), S. 46.
[56] Vgl. Küllnberg, B., Quentin
[57] Vgl. http://www.bvdw.org/presseserver/studie_faszination_mobile/...

somit klar, dass das Mobile Marketing eine Marketinginstrument ist welches immer mehr an Bedeutung gewinnt und für Unternehmen nicht mehr zu ignorieren ist. Mittels des Smartphone ist es für die Unternehmen möglich seine potenziellen Kunden und bestehende Kunden direkt, personalisiert und individuell anzusprechen. Es ist nun die Aufgabe der Unternehmen, die Potenziale die das Mobile Marketing ihnen bietet gewinnbringend einzusetzen und zu nutzen.

Literaturverzeichnis

Buchquellen

Bauer, H., Bryant, M., Dirks, T. (2008): Erfolgsfaktoren des Mobile Marketing – Strategien, Konzepte und Instrumente, Berlin / Heidelberg 2008

Bauer, H., Neumann, M., Reichardt, T. (2004): Bestimmungsfaktoren der Konsumentenakzeptanz von Mobile Marketing in Deutschland – Eine empirische Untersuchung, Mannheim 2004

Becker, J. (2001): Marketing-Konzeption, 7. Aufl., München 2001

Clemens, T. (2003): Mobile Marketing. Grundlagen, Rahmenbedingungen und Praxis des Dialogmarketings über das Mobiltelefon, Düsseldorf 2003

Döring, U., Wöhe, G. (1996): Einführung in die Allgemeine Betriebswirtschaftslehre, 19. Aufl., München 1996

Döring, U., Wöhe, G. (2013): Einführung in die Allgemeine Betriebswirtschaftslehre, 25. Aufl., München 2013

Dufft, N., Wichmann, T. (2003): Basisreport Mobile Marketing: Einsatz, Erfolgsfaktoren, Dienstleister, Berlin 2003

Hammel, H., Sassenberg, T., Scholz, H. (2007): Bluetooth Marketing als Bestandteil moderner Kommunikationsstrategien, (o.O.) 2007

Holland, H., Bammel, K. (2006): Mobile Marketing: Direkter Kundenkontakt über das Handy, München 2006

Holland, H. (2004): Direktmarketing, 2. Aufl., München 2004

Kotler, P., Bliemel, F. (2006): Marketing-Management: Analyse, Planung und Verwirklichung, 10. Aufl., München 2006

Küllenberg, B, Quente, C. (2006): Brand's New Toy – Kreative Markenkommunikation mit Handy & Co, Landsberg am Lech 2006

Salz, P. A. (2009): The Netsize Guide 2009: Mobile Society & Me, When worlds combine, Levallois-Perret Cedex 2009

Weiss, H. C. (2012): Marketing, 16. Aufl., Herne 2012

Wirtz, B. W. (2005): Integriertes Direktmarketing: Grundlagen - Instrumente –
Prozesse, Wiesbaden 2005

Zeitschriftenartikel und Artikel in Sammelwerken

Van Eimeren, B., Frees, B. (2012): 76 Prozent der Deutschen online – neue
Nutzungssituationen durch mobile Endgeräte, in: Media Perspektiven, o.Jg., 2012,
S. 362-379

Ettelbrück, B., Ha, S. (2003): Mobile Marketing - Chancen und Erfolgsfaktoren des
mobilen Mediums als Direktmarketing-Instrument der Zukunft, in: Keuper, F.
(Hrsg.), E-Business, M-Business und T-Business, Digitale Erlebniswelten aus Sicht
von Consulting-Unternehmen, Wiesbaden 2003, S. 113-132

Foster, T. (2008): Blick in den Baukasten, in: w & v Innovation, Nr. 1/2008, 2008,
S. 14-15

Möhlenbruch, D., Schmieder, U.-M. (2007): Mobile Marketing als Schlüsselgröße
für Multichannel-Commerce, in: Silberer,G., Wohlfahrt, J., Wilhelm, T. (Hrsg.),
Mobile Commerce: Grundlagen, Geschäftsmodelle, Erfolgsfaktoren, Wiesbaden
2002, S. 67-89.

Rösch, B. (2006): Auf dem Weg zu Mobile Marketing 2.0, in: BVDW (Hrsg.), Inter-
aktive Trend 2006/2007 /Jahrbuch Deutscher Multimedia Award, Berlin 2006, Berlin
S. 26-29

Schmich, P., Juszcyk, L. (2001): Mobile Marketing - Verlust der Privatsphäre oder
Gewinn für Verbraucher?, in: Kahmann (Hrsg.), Report Mobile Business - Neue
Wege zum mobilen Kunden, Düsseldorf 2001, S. 77-99

Süßel, A. (2014): Einführung in Mobile Couponing, in: Scholz, H. (Hrsg.), Dossier:
Mobile Couponing, Hamburg 2014, S. 5-9

Internetquellen

Bundesverband Digitale Wirtschaft (2014): Faszination Mobile: Verbreitung,
Nutzungsmuster und Trends. URL:
http://www.bvdw.org/presseserver/studie_faszination_mobile/BVDW_Faszination_
Mobile_2014.pdf, Abruf am 21. Februar 2015

Coca-Cola Deutschland (2013): Coke Flaschen personalisieren: So kommt Dein Name auf's Etikett. URL: http://www.coca-cola-deutschland.de/stories/coke-flaschen-personalisieren-so-kommt-dein-name-aufs-etikett, Abruf am 21. Februar 2015

Coca-Cola Erfrischungsgetränke AG (2013): Trink ´ne Coke mit deinen Freunden. URL: http://www2.coke.de/2013/shareacoke/download/Share_a_Coke_Salesfolder .pdf, Abruf am 21. Februar 2015

Cola-Cola Journey (2014): Effie für die erfolgreiche Coca-Cola Kampagne „Trink `ne Coke mit". URL: http://www.coca-cola-deutschland.de/stories/dein-name-auf-der-coke-die-erfolgreiche-coca-cola-kampagne-erhaelt-den-effie, Abruf am 21. Februar 2015

Edeka (o.J.): mobile Payment & Couponing. URL: http://www.edeka.de/services/edeka-app/bezahlen-per-handy/mobilepayment.jsp Abruf am 7. Februar 2015

Edeka Verbund (2014): App zur Kasse! EDEKA mit „Retail Technology Award Europe" ausgezeichnet. URL: http://www.edeka-verbund.de/Unternehmen/de/edeka_suedwest/presse_suedwest/presse_detail_suedwest_729856.jsp, Abruf am 21. Februar 2015

EHI Retail Institute (o.J): Preisträger. URL: http://www.reta-europe.com/preistraeger/preistraeger-2014/index.html Abruf am 20. Februar 2015

Marketing Wissen (2013): Marketing Lehrstunde von Coca Cola – Trink 'ne Coke mit... URL: http://marketing-wissen.net/marketing-lehrstunde-von-coca-cola-trink-ne-coke-mit/, Abruf am 21. Februar 2015

Scholz & Volkmer (o.J.): "Trink 'ne Coke mit....". URL: http://www.s-v.de/detail-multi.php?id=696&lang=de, Abruf am 21. Februar 2015

Statista (2014): Anzahl der Mobilfunkanschlüsse weltweit nach Regionen von 2005 bis 2014 (in Millionen). URL: http://de.statista.com/statistik/daten/studie/253072/umfrage/anzahl-der-mobilfunkanschluesse-nach-regionen-weltweit/, Abruf am 20. Februar 2015

Statista (2014): Prognose zur Anzahl der Mobilfunkanschlüsse weltweit von 2007 bis 2015 (in Millionen). URL: http://de.statista.com/statistik/daten/studie/218129/umfrage/anzahl-der-mobilfunkanschluesse-weltweit-seit-2007/, Abruf am 20. Februar 2015

W & V (2013): Berühmte Brause mit neuen Namen: Coca-Cola trennt sich von seinem Schriftzug. URL: http://www.wuv.de/marketing/beruehmte_brause_mit_neuen_namen_coca_cola_trennt_sich_von_seinem_schriftzug, Abruf am 21. Februar 2015